ESTE LIBRO PERTENECE A:

_ _ _ _ _ _ _ _ _ _ _ _ _ _ _ _ _

Para Debs y Caroline,
mis colegas de pasteles y cafés, ¡besos! – L.C.

Para mis maravillosos mamá y papá, ¡besos! – N.D.

Puedes consultar nuestro catálogo en www.picarona.net

ÓSCAR EL UNICORNIO HAMBRIENTO SE COME EL CUMPLEAÑOS
Texto: *Lou Carter*
Ilustraciones: *Nikki Dyson*

1.ª edición: septiembre de 2025

Título original: *Oscar (The Hungry Unicorn) Eats Cake*

Traducción: *Júlia Gumà*
Maquetación: *Carol Briceño*
Corrección: *Sara Moreno*

© 2023, Lou Carter & Nikki Dyson
Publicado por acuerdo con Orchard Books, sello editorial de Hachette Children's Group,
parte de The Watts Publishing Group
(Reservados todos los derechos)

© 2025, Ediciones Obelisco, S. L.
www.edicionesobelisco.com
(Reservados los derechos para la lengua española)

Edita: Picarona, sello infantil de Ediciones Obelisco, S. L.
Collita, 23-25. Pol. Ind. Molí de la Bastida
08191 Rubí - Barcelona
Tel. 93 309 85 25
E-mail: picarona@picarona.net

ISBN: 978-84-9145-827-2
DL B 4355-2025

Printed in China

INFORMACIÓN IMPORTANTE
¡NO TE LO COMAS!

ÓSCAR

El unicornio hambriento

SE COME EL CUMPLEAÑOS

Lou Carter   Picarona   Nikki Dyson

¡Hoy es el cumpleaños de la princesa Oola! Todos sus amigos le han traído regalos.

A Oola **LE ENCANTAN**
los regalos...

CRUNCH....

... y también a Óscar.

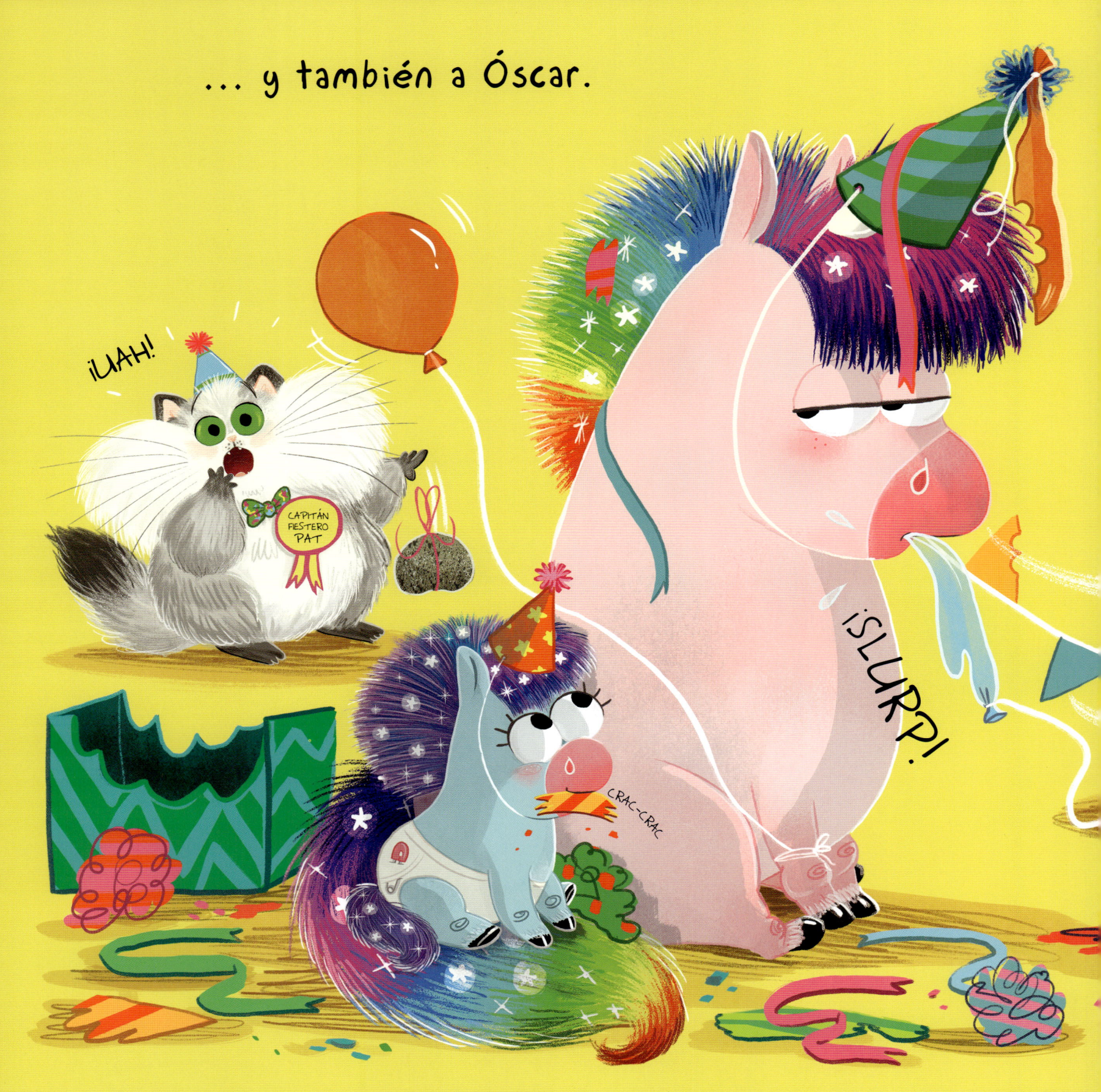

Troll le da a Oola una postal hecha a mano.

Recortó todas las cartulinas él SOLITO.

Qué troll más listo.

¡EEH!

(Los bocados de cartulina son los favoritos de Óscar.

Se las ha comido todas él SOLITO.

¡Qué unicornio más listo!).

¡CRUNCH!

LIBRETA DE PAT

CA... FESTERO PAT

A Oola le encantarán estas figuras de chocolate.
La bruja las ha hecho por arte de magia.

¡EEEH!

(Y han sido mágicamente comidas por un unicornio).

¡Y qué te parece este ramo de flores!

¡GUAU!

¡Las hadas han viajado durante mucho tiempo para recoger las flores de todos los rincones del reino!

A todos les gustan las flores.

(Absolutamente a TODO el mundo).

ÑAM

¡Ay!

ÑAM

¡Pat está organizando
el juego del cumpleaños!
A Oola le encanta
dar golpes a la piñata...

ZIUUU

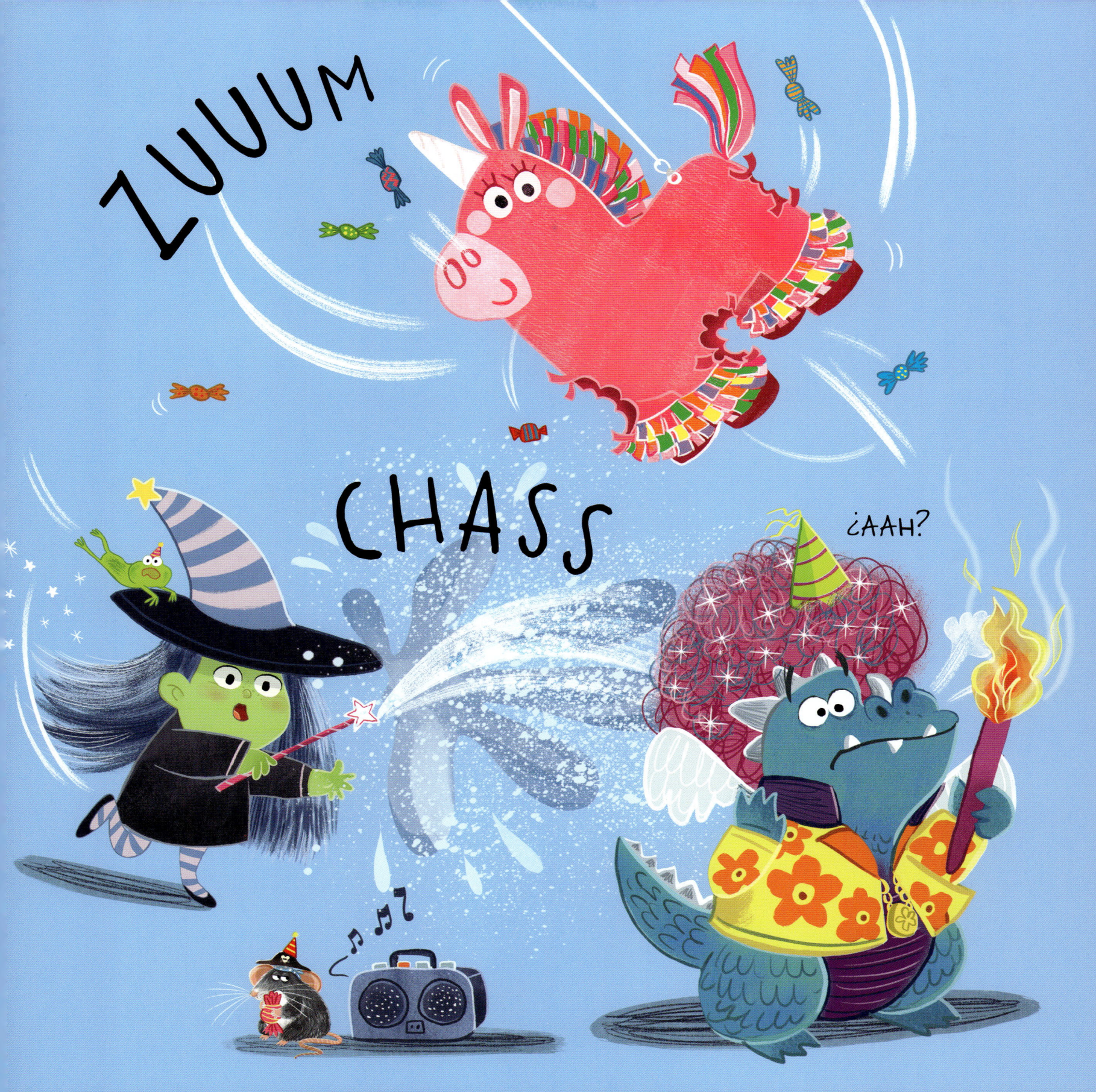

... y a Óscar le encanta COMERSE la piñata.

El rey dice que la fiesta era para Oola,
NO para Óscar.

Puede que sea hora de que
Óscar esté castigado.

¡LALAA!

¡RAT-A-TAP!

Oh, esto está mejor. Ahora Oola podrá disfrutar de la alegre música de cumpleaños de los piratas.

Pero Oola no se
siente alegre.
La fiesta no es
lo mismo sin su
unicornio.

¡Quizá la espectacular luz
de los dragones anime a Oola!

¡BOOM!

Pero no... ¡Nada en
TODO EL MUNDO
podría animarla sin Óscar!

¡Oooooh!

UFF

La reina le dice que no se preocupe por Óscar. El chef se ha pasado toda la noche cocinando ¡el pastel de cumpleaños más ASOMBROSO de todos!

¡Pero Oola está demasiado triste
para comer el pastel sin su unicornio!

(¿Y dónde está Óscar ahora?)

Por suerte, el pastel de cumpleaños
más asombroso del mundo
es la comida favorita de Óscar.

Oola dice que es la absolutamente
MEJOR FIESTA DEL MUNDO
ahora que tiene a Óscar para compartirla.

¡Y Óscar también es un fantástico
GLOBOCORNIO!